GUSTAVE DOULCET,

DÉPUTÉ DU CALVADOS.

SUR la Pétition présentée, au nom de la majorité des Sections de Paris, dans la Séance de Lundi 15 Mars, contre vingt-deux Représentans du Peuple.

. . . . Et comme si chascun voyoit en moi aussi clair que je fais, au lieu de me tirer arrière, d'une accusation, je m'y avance; et la renchery plus-tôt par une confession ironique & moqueuse, si je ne m'en tais tout à plat, comme de chose indigne de réponse.

Essais de MONTAIGNE*, livre III, chap. XII.*

A PARIS.

1793.

GUSTAVE DOULCET,

DÉPUTÉ DU CALVADOS,

Sur la Pétition présentée, au nom de la majorité des Sections de Paris, dans la Séance de Lundi 15 Mars, contre vingt-deux Représentans du Peuple (1).

> . . . . . . Et comme si chascun voyoit en moi aussi clair que je fais, au lieu de me tirer arrière d'une accusation, je m'y avance ; et la renchery plustôt par une confession ironique et moqueuse, si je ne m'en tais tout à plat, comme de chose indigne de réponse.
>
> *Essais de* MONTAIGNE, *livre III, chap. XII.*

CITOYENS, (2)

UNE Pétition, que ses auteurs ont d'abord voulu rendre *fameuse*, et que peut-être aujourd'hui mieux éclairés, ils voudroient bien condamner à l'oubli, vous a été présentée au nom de la majorité des sections de Paris.

Cette pétition a pour objet *apparent*, de

------

(1) Je suis au nombre des 22 ; on n'a pas dit pourquoi : je le dirai.

J'expliquerois plus difficilement, les motifs qui ont déterminé les proscripteurs, à ne pas me désigner sous mon véritable nom.

(2) Cette opinion devoit être prononcée à la tribune.

A

rendre un grand service à la patrie, en lui désignant des mandataires infidèles, et provoquant contr'eux, l'exercice de la sévérité nationale.

Je n'examinerai pas si les provocateurs et les rédacteurs de la pétition, n'ont pas eu deux objets *plus réels*;

Si, par exemple, l'un de ces objets *réels* ne seroit pas la dissolution soudaine de la Convention, pour laisser résider provisoirement toute l'autorité nationale, dans les mains de quelques hommes, qu'un tribunal, dont les circonstances qui nous environnent peuvent seules excuser la création, étayeroit de l'immense puissance qu'il a reçue de vous, et surtout, de la terreur qu'il lui appartient bien d'inspirer. Un semblable projet, aussi absurde au moins que coupable, ne mérite pas d'être approfondi, discutté : la Nation entière me répond qu'elle ne veut pas d'un gouvernement aristocratique, et qu'ainsi elle n'acceptera jamais un gouvernement municipal.

Je n'examinerai pas enfin, si un autre objet *réel* de l'accusation portée contre 22 de vos collègues, *dont la plupart sont presque inconnus aux sections de Paris*, ne seroit pas de désigner aux poignards, six d'entr'eux particulièrement, qui, dans leurs écrits, dans les Assemblées Nationales qui vous ont précédé, dans les fonctions publiques, plus ou moins importantes, plus ou moins périlleuses qu'ils ont exercées, ont acquis une trop grande habitude des affaires   trop fréquentes preuves de républicanisme et de talent, pour que leur présence habituelle dans la Convention, ne paroisse pas à quelques amis de la royauté, de la dictature ou du triumvirat, un véritable comité de surveillance, intéressant à disperser et à détruire.

Citoyens, je ne crains pas d'être désavoué;

Les hommes dont je viens de parler, et avec lesquels je n'eus jamais de liaisons intimes, connoissent, dès long-tems, l'immensité de leurs droits à la persécution des sots, à la haïne des méchants; ils s'honorent de leurs ennemis; ils savent que ceux qui les estiment, sont dans un nombre, *au moins aussi grand*, que ceux qui les redoutent; ils sauront mourir, s'il le faut, pour leur pays; ils bravent les poignards des scélérats; ils savent que le peuple les en défendra, car ils sont bien convaincus que la grande majorité du peuple est juste et pure; et remarquez que ce n'est pas eux, qui se sont permis de croire, avec un de nos parleurs modernes (1), que *la vertu est en minorité sur la terre.*

Que ceux-là donc se défendent eux-mêmes, ou qu'ils gardent le silence, le témoignage irréprochable de leur vie publique a confondu d'avance leurs accusateurs.

Mais, moi aussi je suis au nombre des mandataires accusés;

Je convaincrai mes accusateurs de calomnie;

____

(1) Robespierre l'aîné.

A 2

Je me porterai leur accusateur à mon tour ;

Je demanderai une loi contre les calomniateurs ;

Je prouverai son utilité.

Qu'il me soit d'abord permis de parler à mes ennemis de tout ce que je crois leur devoir, pour l'honneur inappréciable qu'ils m'ont fait, d'inscrire mon nom, *jusqu'alors peu connu*, sur la liste de proscription et de gloire *qu'ils ont fait proclamer à votre barre*.

Je reconnois que je devois être accusé par de pareils hommes.

Je jure, et ils peuvent en croire à mes sermens, que cet acte de *leur justice*, à mon égard, ne sortira jamais de ma mémoire, et j'ajoute que telle est la mesure de ma gratitude, que, s'il étoit possible de les estimer, j'aurois aujourd'hui le courage d'avouer à votre tribune que JE NE LES HAIS PLUS.

Je m'empresse de leur donner une première preuve de ma reconnoissance.

Je demande que mon véritable nom, celui de *Doulcet*, le seul connu dans cette Assemblée, soit substitué dans la liste que les pétitionnaires vous ont remis, à celui de *Pontecoulant*, qu'ils savent bien ne plus être le mien.

J'aborde la question.

J'examine avec une attention scrupuleuse les chefs d'accusation portés contre vingt-un de mes Collègues et moi, dans la pétition si calomnieuse de Paris, et qui pourtant n'a surpris personne ; et d'abord, je vois qu'on sem-

(5)

ble nous accuser tous, de nous être opposés
à la mort du Tyran, tandis qu'il en est huit,
parmi nous, qui ont voté la mort.

Je vois ensuite, *qu'on semble encore nous accuser tous*, d'avoir eu des relations avec la
Cour, par les citoyens Boze et Thiery, et
j'observe que cette imputation ne peut porter
que contre trois de mes Collègues, qui l'ont
victorieusement repoussée, par la simple ex-
position des faits qui y ont donné lieu.

Tout le reste de la pétition est vague,
insignifiant, et présente en dernière analyse
cette vérité, que nous sommes dix-huit représentans du peuple, contre lesquels on a hau-
tement demandé le décret d'accusation, et
contre lesquels on n'a rien dit.

Je veux cependant répondre à quelque
chose.

Je m'attache donc opiniâtrement à ce mi-
sérable ouvrage, dans lequel l'absurdité du
mensonge le dispute seule à la sottise de la
rédaction, et j'en recueille textuellement les
accusations suivantes.

1°. *Nous avons encensé Dumouriez.*

2°. *Nous avons calomnié le peuple de Paris
dans les départemens.*

3°. *Nous avons voulu la guerre civile pour
fédéraliser la République.*

4°. *Sous le faux amour des loix, nous avons
prêché le meurtre et l'assassinat.*

5°. *Nous avons fait perdre à la Convention
trois mois d'un temps précieux et nécessaire à*

la confection des loix qui manquent à la révolu-
tion et la laissent en arrière.

6°. *Nous avons fréquenté Dumouriez lors de*
son dernier voyage à Paris.

7°. *Sous le prétexte perfide de punir les pro-*
vocateurs au meurtre, nous avons voulu anéantir
la liberté de la presse.

8°. *Et enfin, nous avons appréhendé le tri-*
bunal révolutionnaire.

Citoyens, voilà les griefs qu'on porte contre nous.

Je ne vous invite pas à remarquer ce que
l'Europe entière remarquera, que les pétitionnaires se sont dispensés d'appuyer leurs accusations sur aucune espèce de preuves.

Mais ils ne vous ont pas dit le motif de ce
silence. Moi, je vais vous le dire.

Ils n'ont point apporté de preuves contre
leurs accusés, parce qu'ils n'en avoient pas ;
ils n'en avoient pas contre nous ! et ils se
sont empressés de nous reprocher, *sans preuves,*
tous les crimes qu'ils ont commis, et qu'ils
savoient bien que nous allions leur reprocher,
avec des preuves ; les lâches ! ils ont adopté
pour devise cette maxime de Machiavel, *ca-*
lomniez toujours, la cicatrice reste.

Eh bien ! ils ne se seront pas trompés ; elle
restera la cicatrice de leurs calomnies ; mais
c'est sur leurs fronts accusateurs, que la justice
de tous les siècles, va l'imprimer en caractères
inéfaçables. Eh bien ! ils ne se seront pas
trompés ; leurs calomnies prendront bientôt,
comme ils l'ont voulu, le caractère et la cou-

leur de la vérité, mais ce ne sera pas aux mêmes yeux, et c'est eux que cette vérité accusera, c'est eux qu'elle accablera de sa force et de sa lumière ; eh ! puisse-t-elle ne leur imposer d'autre supplice, que celui des remords !....

Je réponds pour moi seul.

PREMIERE ACCUSATION. --- *Nous avons encensé Dumouriez.*

Je déclare que, loin d'avoir jamais *encensé* Dumouriez, je me suis constamment défié de lui, parce que je me défiois de sa morale, et que je sais, depuis long-tems, que ceux - là qui n'ont point de morale, sont la peste d'un état libre.

Je déclare que j'ai communiqué mes défiances sur Dumouriez, à tous ceux de mes collègues avec lesquels j'ai parlé de ce général.

Je déclare, qu'à l'époque où je remplissois dans l'armée de ce traître, les fonctions de votre commissaire, j'ai surveillé sa conduite avec une telle rigueur, et *je l'ai si peu encensé*, que lui-même a cru devoir se plaindre de ma sévérité, dans une lettre au conseil exécutif, qui existe encore et dont je demande que la connoissance vous soit donnée.

Je déclare que, dans les comités de la guerre, des finances, et diplomatique, *réunis sur ma motion* (et ici j'invoque le témoignage de mes collègues) je suis au nombre de ceux qui se sont élevés avec le plus de force, contre la demande dictatoriale qui vous avoit été faite par Dumouriez, de l'autoriser à passer en son nom, tous les marchés, pour les approvisionnemens nécessaires à son armée.

Je déclare enfin, que, dans les mêmes comités, j'ai fortement appuyé le décret du 15 décembre, relatif à la Belgique ; décret que la conduite de Dumouriez avoit rendu indispensable, et qui contrarioit si ouvertement ses projets et son ambition.

Ici, je somme l'un des Signataires, PACHE, d'attester la vérité de ce que je viens de dire : en sa qualité de ministre de la guerre, il assistoit alors à toutes les séances de vos comités : il a vu si j'encensois Dumouriez.

SECONDE ACCUSATION. --- *Nous avons calomnié le peuple de Paris dans les départemens.*

Je réponds que je n'ai jamais écrit dans mon département, ou dans tout autre, que des lettres particulières à mes parens ou à mes amis.

J'atteste que je n'ai jamais calomnié le peuple de Paris, à moins qu'on ne le calomnie aux yeux des pétitionnaires, lors qu'on dit ou qu'on pense « le peuple de Paris, comme
» tout le Peuple Français, est juste, humain,
» généreux, ami de la liberté et des loix qui
» la protègent. Non ; ce n'est point le peuple de
» Paris qui, dans les journées affreuses de
» septembre, a massacré de sens-froid des
» hommes sans défense, a pris plaisir à se

» baigner dans leur sang, car le peuple de Paris
» n'aime ni le sang, ni les assassinats; non, ce
» n'est pas le peuple de Paris qui, les 26 et 27
» février, a dévasté, pillé les propriétés de ses
» concitoyens, car le peuple de Paris n'est pas
» un peuple de brigands, car il n'ignore pas
» que les propriétés sont sacrées, que le
» pillage est proscrit par les loix, et que son
» dernier effet est le plus grand renchérissement
» des denrées; non, ce n'est pas le peuple de
» Paris qui, dans la nuit du 9 au 10 mars, vou-
» loit assassiner une partie de la Convention
» nationale; non, non, ce n'est pas lui, qui
» chaque jour, injurie, provoque, menace
» les Représentans du Peuple, car le peuple de
» Paris sait bien que les personnes des députés
» sont inviolables, que chaque membre de la
» Convention représente la République toute
» entière, et qu'ainsi nul d'eux n'est la pro-
» priété exclusive d'une seule ville. Tous
» ces crimes, *qu'on voudroit bien lui imputer*,
» sont l'ouvrage de quelques scélérats, payans
» et payés, appellés de tous les pays et sur-tout
» des pays étrangers, pour se livrer sous nos
» yeux, aux excès les plus condamnables, les
» plus alarmans, attester notre impuissance par
» leur impunité, faire haïr ainsi la révolution et
» ramener plus promptement le despotisme
» d'un seul ou de plusieurs ».

Citoyens, je ne sais si j'ai écrit t'extuelle-
ment ce que je viens de vous dire; car dans
mes lettres particulières, je parle rarement des
forfaits qui nous affligent; mais je jure que je

n'ai jamais écrit le contraire, et que telle fut constamment mon opinion sur le Peuple de Paris: c'est à vous à juger si cette opinion la calomnie.

TROISIÈME ACCUSATION. ----- *Nous avons voulu la guerre civile, pour fédéraliser la République.*

Je réponds, que ceux-là veulent la guerre civile, qui, prêchant sans cesse le viol des propriétés et l'assassinat des personnes, cherchent à armer les citoyens contre les citoyens; les uns pour attaquer, et les autres pour se défendre.

Je réponds que ceux-là veulent le fédéralisme, qui, divisant sans cesse les membres de la Convention Nationale, appelant et commandant, contre plusieurs, les poignards des scélérats, veulent armer un seul département contre tous, pour que tous s'arment contre un seul. Or, je n'ai jamais voulu *ni la guerre civile ni le fédéralisme*; car jamais je ne fus l'apôtre d'une aussi infâme doctrine: j'en appelle à vous tous; les mots, *respect aux loix, paix, union dans l'intérieur, force et courage aux frontières*, ne sont-ils pas les seuls que vous m'ayez entendu proférer ?....

QUATRIÈME ACCUSATION. ----- *Sous le faux amour des loix, nous avons prêché le meurtre et l'assassinat.*

Je viens de répondre à cette accusation, par l'invocation de votre propre témoignage.

CINQUIÈME ACCUSATION. ---- *Nous avons fait perdre à la Convention trois mois d'un temps précieux et nécessaire à la confection des loix qui manquent à la révolution, et la laissent en arrière.*

Si l'on entend vous reprocher ici, le temps que vous avez employé à prononcer sur le sort de *Louis*, je déclare que je ne suis revenu à Paris, de ma commission dans les départemens du Nord, que le premier du mois de décembre, et que je n'ai parlé sur cette grande affaire que lorsque les appels nominaux m'ont fait monter à la tribune.

Si, au contraire, l'on entend vous reprocher en général, l'emploi que vous avez fait de votre temps, je rappelle que je n'ai jamais pris la parole dans cette assemblée, que pour faire quelques rapports au nom des comités dont j'étois membre, ou quelquefois, *et trop souvent sans doute*, pour demander que mon département, *celui du Calvados*, fût enfin mis en état de repousser les armées navales qui sembloient le menacer. Je déclare que, sur cet objet, je crains d'être obligé de vous parler encore souvent, puisqu'il est vrai que mes réclamations, malgré leur justice et leur importance, n'ont presque produit aucun effet.

SIXIÈME ACCUSATION. ---- *Nous avons fréquenté Dumouriez, lors de son dernier voyage à Paris.*

Je n'ai jamais fréquenté Dumouriez. A son

dernier voyage à Paris , le hasard m'a fait rencontrer une seule fois avec lui dans votre comité de défense générale, et j'observe que nous y avons été d'avis différent.

SEPTIEME ACCUSATION. ---- *Sous le prétexte perfide de punir les provocateurs au meurtre , nous avons voulu annéantir la liberté de la presse.*

Je réponds que ROYOU, MARAT *et leurs semblables*, sont les seuls écrivains contre lesquels j'ai demandé et je demanderois encore, le décret d'accusation.

HUITIEME et DERNIERE ACCUSATION. --- *Nous avons apréhendé le tribunal révolutionnaire.*

Je ne sais ce que signifie là, le mot *appréhender*, et si ceux qui s'en sont servi, n'ont pas voulu dire que nous devons en effet *appréhender* ce tribunal ; mais j'atteste que j'ai voté pour la formation d'un tribunal *extraordinaire*, et que je n'ai différé d'opinion avec quelques-uns de mes collègues, que sur la manière de l'organiser.

Citoyens, j'ai prouvé que ce n'étoit pour aucuns des motifs allégués dans la pétition des sections de Paris, que mon nom se trouve inscrit dans la liste de proscription qui l'accompagne ; il me reste à m'accuser moi-même devant vous, de mes véritables titres à cette proscription.

D'abord, il est bien évident que le premier de ces titres *est , que je n'ai aucun de ceux énoncés contre moi.*

Je ne dois cependant pas dissimuler ici qu'il est vrai que je n'ai pas voté la mort du tyran; qu'il est vrai aussi, que, dans ma conscience, *j'ai déclaré Louis le dernier, coupable de conspiration contre l'état.* Les motifs de mon opinion sur cette affaire, sont consignés dans mon opinion elle-même imprimée à cette époque, par ordre de la Convention.

Si ces motifs, aux yeux de quelques-uns, sont le résultat de l'erreur, à-coup-sûr, ils ne seront pas celui du crime, au tribunal de l'homme de bonne foi, qui prendra la peine de les lire et de les approfondir. Je me bornerai à dire aujourd'hui, que quelques - unes de mes terreurs sur les suites de la mort *soudaine* de Louis, ne se sont que trop réalisées.

Mais ce n'est pas pour m'être opposé à la mort de Louis que je suis accusé, car alors on ne distingueroit pas, parmi mes co-accusés, huit représentans du peuple qui ont voté la mort, et d'ailleurs, le nombre des proscrits excéderoit de beaucoup celui de vingt-deux.

Citoyens, c'est cependant dans mon opinion sur le sort de Louis, que je trouve une des véritables causes de mon inscription dans la liste de ceux de mes collègues, dont une fraction *presqu'imperceptible* du souverain, a eu l'impudence de vous demander l'expulsion.

Et en effet, j'ai osé dire, imprimer', » s'il
» étoit vrai que la mort du tyran ne fût tant
» demandée par quelques-uns, que pour subs-
» tituer à sa place un tyran nouveau ? s'il
» étoit vrai que cet usurpateur, eût répandu l'or
» à grands flots, pour se préparer des succès ;
» s'il étoit vrai qu'on distinguât à la tête de nos
» forces de terre et de mer, ses enfans, ses amis,
» ses créatures, *ses serviteurs* ? s'il étoit vrai
» cependant, que, lui, ne se fût fait connoître
» encore que par la sécheresse de son ame,
» par de basses intrigues, par une longue im-
» moralité ; s'il étoit vrai que la seule menace
» de son élévation à quelque poste éminent
» que ce fût, dût avoir pour premier effet,
» l'émigration de tous les véritables amis de
» la liberté de la république et des mœurs ;
» s'il étoit vrai qu'un autre résultat de son élé-
» vation, dût être des dissentions et des guerres
» intestines pour les citoyens, que le dénue-
» ment de ressources, ou la prééxistence d'un
» état civil forceroient à vivre dans les mêmes
» murs, témoins passifs de ses honteux triom-
» phes ; s'il étoit vrai que cet homme n'eût
» secondé la révolution de tout son pouvoir,
» que pour y trouver les moyens d'exercer des
» vengeances personnelles ; s'il étoit vrai qu'il
» n'eût paru aimer l'égalité, que pour s'élever
» plutôt et davantage, comme Sixte-Quint se
» montra foible et cacochyme pour arriver à la
» thiarre ; Enfin, s'il étoit vrai que cet homme
» ressemblât à Sixte-Quint par tous les points

(15)

» hors l'esprit, les lumières et le courage: Ah!
» citoyens législateurs , vous pardonneriez-
» vous jamais, d'avoir concouru à ses succès
» en prononçant la mort de Louis ?........ » (1)

Citoyens, vous reconnoissez à ce portrait
un homme, que n'agueres encore il n'étoit pas
permis de soupçonner ; et je l'avoue, je crois
fermement que c'est à la ressemblance de ce
portrait que je suis redevable de ma proscription. Voici mes motifs.

Parmi mes co - accusés , je distingue un
homme que je ne connois pas, mais que je
sais bien avoir rendu de grands services à la
révolution ; car c'est lui qui, en 1789, contri-
bua le plus, à faire ranger sous les drapeaux de
la liberté le régiment des gardes françoises.
Cet homme, c'est Valady. Certes, il n'a pas
été proscrit pour les opinions qu'il a manifestées
dans cette assemblée ! car jamais il ne s'appro-
cha de votre tribune, jamais sa voix ne se fit
entendre dans cette enceinte.

Je me demande donc comment il a pu mériter
tant d'honneurs et tant de haînes ? J'apprens et

____

(1) Voilà ce que j'imprimois le 16 Janvier ; et dans
ma lettre du même jour, aux citoyens du Calvados, *aussi
imprimée*, je disois : *La majorité de l'Assemblée pro-
noncera peut-être la mort ; dans ce cas je vous dirai
que la majorité voit, sans doute, mieux que moi,
et que celui là méritera d'être compté au nombre des
mauvais citoyens, qui ne défendra pas, comme les
siennes propres, les opinions de la majorité des Représentans de la Nation.*

je vous apprens qu'il a commis le crime inex=
piable, de proclamer dans Paris, et par la
voie d'une affiche, ses doutes sur le désinté-
ressement du patriotisme de d'Orléans, de cet
homme, duquel on avoit eu l'art de paroître
rapprocher tous les hommes, en le nommant
Égalité; et que, par le même moyen, on avoit
placé au-dessus de tous.

Un autre motif à l'appui de ma présomption
sur la véritable cause de mon accusation, c'est
que la liste de proscription avoit été imprimée
dans le journal de Marat, peu de jours avant
de vous être lue, et vous savez tous que
Marat s'est montré le champion d'*Egalité*, jusqu'au moment où celui-ci n'a plus eu d'autres
partisans que Marat.

Citoyens, je n'ai pas cru au patriotisme
d'*Egalité*; c'est un grand crime, sans doute;
mais ce n'est pas le seul que j'ai commis, et
je continue franchement ma confession devant
vous.

Dans une lettre au ministre de la justice,
en date du 10 mars, j'ai appellé la surveillance
de ce fonctionnaire public, sur un *comité, pré-
tendu révolutionnaire, dans lequel sont conçus,
préparés, ordonnés les désordres qui nous tuent,*
et j'ai prouvé son existence.

Dans la même lettre, je me suis plaint amè-
rement de l'impunité des instigateurs du pillage, commis chez les épiciers de Paris, les 25
et 26 février.

Dans la même lettre, j'ai invité le ministre
à ne pas attendre un ordre exprès de la Convention

vention, pour ordonner la poursuite de l'atten-
tat commis contre la liberté de la presse,
chez les citoyens Gorsas et Fiévée.

Dans cette même lettre enfin, j'ai dit au
ministre ces paroles, que je ne crois pas inu-
tile de vous adresser aujourd'hui à vous-
même :

» Vous n'avez pas un moment à perdre ;
» demain peut-être, il ne sera plus temps de
» renverser ce petit nombre d'hommes, qui, se
» couvrant du masque imposteur du patrio-
» tisme, ne parlent de propriétés, que pour les
» violer ; de sûreté personnelle, que pour
» attenter à celle des autres ; d'humanité, que
» pour être barbares impunément ; de peuple,
» que pour l'asservir ; d'égalité, que pour s'éle-
» ver au-dessus de tous ; de liberté, que pour
» l'étouffer dans son berçeau ; de patrie, que
» pour la déchirer et la détruire. «

Citoyens, en voilà des crimes !.... ceux-là sont
grands, je l'avoue ; ceux-là devoient paroître
irrémissibles à mes accusateurs, qui certes
sont bien reconnus incapables d'en commettre
de pareils.

Ils m'auroient pardonné cependant, s'ils
avoient réfléchi sur cette vérité, que ma
lettre à Garat ne m'a pas même valu l'honneur d'une réponse, et qu'au contraire, j'ai eu
lieu de m'appercevoir qu'elle n'avoit pas produit un grand effet sur l'esprit de ce ministre.

J'arrive au plus grand de tous mes forfaits ;
et jugez de tous ceux dont je suis capable,
par l'impudeur avec laquelle je confesse tous

ceux que j'ai commis. J'AI VOTÉ LE DÉCRET D'ACCUSATION CONTRE MARAT.

Citoyens, connoissez-moi tout entier.....; Je déclare à la face de l'Europe entière, que je ne me repens d'aucun de mes crimes, et qu'au contraire, je me connois capable de les commettre encore ; le motif de cette impénitence, le voici ; dans mon opinion, il vaut mieux *mériter* de mourir assassiné, que sur un échafaud.

Maintenant, si je croyois qu'il me fût possible d'ajouter quelque chose à la haîne dont mes accusateurs m'honorent, je leur dirois ; qu'à l'époque de la formation des assemblées baillagères, pour l'élection des députés à ce qu'on appelloit *les Etats-Généraux*, je m'empressai de mériter la haîne des *aristocrates*, en fuyant les assemblées de *ce qu'on appelloit la noblesse*, pour siéger dans celle des communes, et que j'y concourus à la rédaction des cahiers.

Je leur dirois que, depuis cette époque, je n'ai cessé d'aimer et de servir la révolution.

Je leur dirois que je n'ai apposé mon nom qu'à deux pétitions, dont l'une avoit pour objet d'obtenir une loi reprimante et sévère contre les Prêtres et les Émigrés, et l'autre la déchéance de Louis.

Je leur dirois que, lorsque peu de jours après le 20 juin, tous les corps administratifs sembloient se disputer le honteux honneur de consoler le tyran, seul avec un de mes collègues qui siège dans cette assemblée, (1) je me suis opposé

____

(1) Philippe Dumont.

à ce que les administrateurs du Calvados, fissent aussi parvenir à Louis, une adresse de condoléance :

Je leur dirois enfin , que seul, avec ce même collègue , j'ai refusé de signer l'adresse, lorsqu'elle a été adoptée malgré nous.

Citoyens, les souvenirs que je viens de retracer , présentent à ma pensée un rapprochement qui m'afflige et que je n'ai pas le courage de vous taire.

Il est donc vrai que j'avois de grands titres à la proscription de la cour, si elle eut triomphé le 10 août; il est donc vrai que mes titres à la proscription des pétitionnaires de Paris , sont les mêmes, puisqu'il est vrai que je n'ai changé ni de principes, ni de conduite.

Que dois - je conclure de cette vérité démontrée, si ce n'est que les pétitionnaires ne sont autre chose, que les héritiers usurpateurs de la tyrannie et de l'immoralité de la cour?

Ici, on ne va pas manquer de s'écrier , que je calomnie les sections de Paris, et à l'aide de cette *véritable* calomnie , on espérera jetter quelque défaveur sur ma défense. Je me hâte de désarmer encore une fois mes ennemis , qui , je vous en ai convaincu , sont aussi les ennemis de ma patrie.

Je déclare que ce n'est pas les signataires de la pétition que j'accuse; car qui de nous ignore, comment et par qui, on fait signer des pétitions insensées ou criminelles.

Je n'accuse que les provocateurs et les rédacteurs de cette pétition : ces rédacteurs sont connus (1). Les journaux qui rendent compte des séances d'une société fameuse, et qui fut long-temps utile à la révolution, les ont nommés à la France entière. Ces provocateurs, ces rédacteurs, ont voulu rendre vrai pour notre siècle, ce que Montaigne disoit du sien : » *notre vérité de maintenant n'est pas ce qui est,* » *mais ce qui se persuade à autrui* (2) ».

Je déclare encore que je suis loin de regarder la pétition qui vous a été présentée, au nom de la majorité des sections, comme le vœu de cette majorité, parce qu'il est vrai que les sections ne se composent que de tous les citoyens de Paris.

Et ici, je m'adresse à vous, misérables proscripteurs, et je vous dis :

Croyez-vous que la majorité des citoyens de Paris adhère à la pétition que vous avez provoquée et rédigée ? Eh bien ! invitez-les tous à la signer; mais auparavant, promettez à ceux qui refuseront d'attacher leurs noms à cette œuvre de sottise et de ténèbres, que, pour les punir de ce refus, on ne leur fera pas subir, celui de certificats de civisme, *si d'ailleurs ils ont mérité d'en obtenir;* promettez-leur que ce refus ne les fera pas proclamer dans vos sections, comme de mauvais citoyens,

---

(1) Robespierre l'aîné fut nommé l'un des rédacteurs, dans une séance des Jacobins.

(2) On a déjà dit, que Montaigne n'est pas une autorité auprès des héros du jour, parce qu'il fut philosophe, et du département de la Gironde.

comme des victimes à frapper ; promettez-leur que, *pour ce seul refus*, vous ne les éloignerez pas de toutes les fonctions publiques, auxquelles leurs vertus, leurs services et leurs talens leur donneroient le droit de prétendre ; promettez-leur que, dans les assemblées du peuple, ils pourront élever la voix sans danger pour leurs personnes ; promettez-leur enfin, que leurs, propriétés seront respectées, protégées dans tous les cas, comme celles de vos créatures et de vos amis. . . . . .

Si vous leur promettez tout cela ; si, sur-tout, vous leur donnez quelques garants de vos promesses, je jure que le nombre des adhérens à votre pétition n'excédera pas celui de ceux que vous avez déjà attachés à vous, par les places, l'espoir d'en obtenir, l'argent, la *terreur*, *ou le besoin.*

A présent, je vous le demande : vous connoissez-vous le courage de proclamer les promesses solemnelles que je vous indique ?. . . . . . . Non, vous ne l'avez pas ce courage ; il seroit celui de la vertu.

Ah ! si telle étoit la destinée de mon pays, que les hommes qui l'habitent, fussent tous arrivés à ce dernier terme de corruption et d'immoralité, d'applaudir, avec vous, aux massacres de septembre, aux pillages de février, au projet de l'assassinat des représentans du peuple ; si tous, étoient arrivés à ce point de délire, qu'ils préférassent le despotisme des brigands, à celui des mœurs et des loix, et l'anarchie à la liberté ; alors, je le déclare, *l'émigration seroit une preuve de vertu*; ou plutôt alors, il resteroit à la minorité des bons citoyens la ressource de *Caton*; et pour finir comme ce grand homme, je n'attendrois l'exemple de personne.

Mais il n'en sera pas ainsi; il ne s'accomplira pas ce systême sacrilège, d'amener la ruine de la république par la terreur et les crimes. Non, une minorité corrompue, audacieuse et turbulente, n'en imposera pas davantage à une majorité véritablement patriote, et déjà déchirée par le remords de sa trop longue indolence. Non, non, le despotisme des scélérats ne sera pas prolongé, consacré par la foiblesse, qui, je ne crains pas de le dire mériteroit, bientôt d'être appellée la *complicité* des représentans du peuple.

Citoyens, j'ai assez long-tems rempli dans votre tribune le rôle d'*accusé*; je prens celui d'*accusateur*.

Provocateurs, rédacteurs de la pétition, *trop généreusement prêtée aux sections de Paris*, je vous accuse.

Je vous accuse d'*avoir encensé Dumouriez*; car il est bien constant que c'est vous qui l'avez couvert d'applaudissemens, le jour où, se jouant de vous et de nous, il a revêtu sa tête orgueilleuse du bonnet de la liberté.

Je vous accuse d'*avoir calomnié le peuple de Paris dans les départemens*; car c'est vous qui avez voulu que le peuple entier de Paris fût cru coupable des assassinats de septembre et des pillages de février; c'est vous qui appel-

(23)

lez ces *assassinats* et ces *pillages* des actes de
vengeance et de justice nationales (comme si la
nation françoise étoit une nation d'assassins et
de voleurs); c'est vous enfin , qui , sous le
prétexte imposteur que le peuple entier étoit
associé à ces crimes ; vous êtes opposés *avec
violence* à ce que les véritables criminels, fussent poursuivis et livrés à la sévérité des loix.

Je vous accuse *d'avoir voulu la guerre civile
pour fédéraliser la république*; car c'est vous qui,
dans la nuit du 9 au 10 mars, avez *voulu* faire
assassiner une partie des représentans du peuple, et forcer ainsi les départemens , *qui sont
aussi le peuple*, et dont les mandataires directs
auroient été égorgés , à se venger , ou tout
au moins à s'isoler d'une ville, dans laquelle la
souveraineté du peuple auroit été si lâche-
ment outragée.

Je vous accuse *d'avoir prêché le meurtre et
l'assassinat sous le faux amour des loix ;* car c'est
dans vos discours, dans vos écrits, qu'on a pu
recueillir ces paroles : *il faut septembriser tous
les prêtres, tous les nobles, tous les brissotins. Le seul
reproche qu'on peut faire aux journées de septembre ,
c'est qu'elles n'ont pas été complettes..... Il faut faire
passer le goût du pain à tous les députés de la Gironde.
Il faut piller les magasins des épiciers, et pendre
quelques-uns d'eux à leurs portes , etc. etc.*

Je vous accuse d'avoir *fait perdre à la convention* (non pas trois mois), *mais six mois
d'un tems précieux, et nécessaire à la confection
des loix qui manquent à la révolution et la laissent
en arrière;* car il est bien constant que c'est

B 4

vous qui, accusant, calomniant sans cesse vos collègues, les avez réduits à la nécessité d'employer à se défendre, un temps qu'ils eussent employé à l'emporter sur vous, de véritable gloire, par les services qu'ils auroient rendus à la république; il est bien constant que c'est vous, qui avez retardé la discussion de la constitution; que c'est vous, enfin, qui avez dit, *que ce n'étoit pas une constitution, mais des mesures révolutionnaires, des loix de circonstances,* qu'il nous falloit en ce moment.

Je vous accuse d'avoir *fréquenté Dumouriez, lors de son dernier voyage à Paris;* car c'est bien vous et vos amis, qu'on a vu l'accompagner dans les spectacles et dans les fêtes.

Je vous accuse d'avoir *voulu anéantir la liberté de la presse, sous le prétexte perfide de punir les provocateurs au meurtre;* car il est bien prouvé que c'est vous qui, dans les jours de septembre, avez fait investir l'hôtel du ministre de la guerre, pour livrer aux fureurs de vos satellites un journaliste patriote (1), dont le crime unique étoit d'avoir invité la commune d'alors, à rendre compte à la république entière, des sommes immenses, des objets de prix, qu'elle avoit recueillis, lors de ses visites domiciliaires et du massacre des citoyens *qu'elle avoit fait emprisonner elle-même.* Il est aussi bien prouvé que c'est vous et vos amis qui, dans la tribune des *Jacobins,* dans celle même de cette

____

(1) Girey-Dupré, rédacteur du *Patriote Français.*

assemblée, dans vos écrits, enfin, n'avez cessé d'appeller les poignards sur les écrivains estimables, qui, nés assez malheureux pour avoir une ame, n'ont pas eu le hideux courage d'applaudir, avec vous, aux dilapidations et aux tyrannies de la commune, aux assassinats des prisons, aux pillages des épiciers, à la destruction des presses de Gorsas et de Fiévée, à l'incendie de leurs ouvrages, au projet d'égorger des membres de la convention, ect.

Je vous accuse d'avoir *appréhendé le tribunal révolutionnaire* (pour conserver vos propres expressions) ; car il est bien constant que c'est vous et vos amis, qui n'avez pas voulu que l'un de vos chefs, un Génevois, vomi dans la France pour la déchirer, dans la convention nationale pour la flétrir, MARAT enfin, *dont certainement les crimes n'étoient pas douteux*, fût livré à la sévérité de ce tribunal (1).

Représentans du peuple, j'ai accusé mes accusateurs, et je n'ai différé d'eux qu'en ceci: *c'est que j'ai apporté des preuves de mes accusations.*

Vous prononcerez.

Vous prononcerez encore sur le reproche qu'on a eu l'impudeur de nous faire, d'avoir *accaparé pour nos amis, toutes les places importantes et lucratives.*

---

(1) J'étois assez sot quand j'ai écrit ce discours, pour ne pas prévoir quel seroit le jugement du tribunal *révolutionnaire*, sur Marat.

Vous examinerez si, au contraire, toutes les places, toutes les fonctions publiques ne sont pas occupées, envahies par les accusateurs eux-mêmes, leurs amis, leurs créatures et leurs valets.

Vous prononcerez sur cette autre accusation, que *quelques-uns de nous se sont enrichis dans la carrière qu'ils parcourent.*

Vous examinerez si, au contraire, ce ne seroit pas parmi les accusateurs qu'on trouveroit des hommes, estimables n'agueres, *parce qu'ils étoient demeurés pauvres*; mais dont le faste insolent attesteroit aujourd'hui un aggrandissement scandaleux de fortune, et les feroit plutôt ressembler à des ambassadeurs de DARIUS, qu'à des magistrats de SPARTIATES.

Vous prononcerez sur cette autre accusation, que *quelques-uns de nous ont eu des relations avec Philippe, ont voulu protéger Philippe.*

Vous examinerez si, au contraire, ce ne sont pas les accusateurs qui ont élu Philippe représentant du peuple ; si ce n'est pas eux, qui ont voulu *masquer* Philippe sous un nom qui ne pouvoit appartenir à personne, précisément parce que *sa signification* est la propriété de tous ; si ce n'est pas eux qui se sont opposés à ce que Philippe fût banni de la terre de la liberté, quand les accusés le demandoient ; si c'est, chez nous, ou chez eux, que ce digne héritier des *Tarquins* a souvent dîné ; avec nous ou avec eux, qu'il a partagé ses chars et ses coursiers ; à nous ou à eux, qu'il a donné des spectacles et des fêtes.

Vous prononcerez d'abord sur toutes ces accusations et. sur leurs auteurs.

Vous vous occuperez ensuite des accusateurs en général.

Citoyens Représentans, avez-vous un instant réfléchi sur cette nuée de délateurs qui vous environne ?

Voyez-vous, ces vers rampans, mais empoisonnés, s'attacher aux jeunes racines de l'arbre de la liberté, et menacer déjà de le faire sécher et périr ?

Voyez-vous, dis-je, la calomnie, fière de ses succès et de leur impunité, s'érigeant en un véritable POUVOIR, destructeur de tous, indépendant de tous, et du seul que la Nation veuille reconnoître, le SIEN ?

Oui, citoyens, la calomnie est un POUVOIR, car les calomniateurs sont une PUISSANCE.

Et en effet, n'est-ce pas eux qui, se jouant insolemment de tout ce que les hommes libres ont de plus sacré, les sermens, les loix, la morale, et sur-tout la patrie, créent ou détruisent des réputations, élèvent ou renversent des magistrats, commandent ou empêchent les élections ?.....

N'est-ce pas eux qui font mouvoir ou paralysent, à leur gré, la force armée, par la terreur qu'ils inspirent à ses chefs, ou les espérances qu'ils leur donnent ?

N'est-ce pas eux qui découragent la vertu, qui flétrissent jusqu'aux services rendus à la République, jusqu'à la sainte ambition de lui en rendre de nouveaux ?.....

N'est-ce pas eux, qui étendent le crêpe de l'inquiétude et de la douleur, jusques dans le sein des familles les plus pures et les plus tranquilles?

N'est-ce pas eux, qui font trembler tous les jours l'épouse pour son mari, les enfans pour leur père; les pères, les mères pour leurs enfans; l'ami pour son ami?.....

N'est-ce pas eux, qui forcent un grand nombre de citoyens qui, par leurs talens ou leurs vertus, serviroient utilement la patrie, à se condamner, au plus cruel de tous les supplices pour un véritable républicain, au silence, à la nullité?

N'est-ce pas eux, qui désorganisent toutes les parties de l'administration publique, en enlevant à ses différentes branches, les hommes éclairés et purs que la confiance publique y avoit d'abord appelés?

N'est-ce pas eux, qui s'enrichissent des dépouilles de leurs victimes, et s'élèvent aux places, d'où ils les ont forcées de descendre?

N'est-ce pas eux enfin, qui proscrivent?....

Ils proscrivent!....... et vous leur avez accordé les honneurs de votre séance!......

Ils proscrivent!...... Citoyens, ces proscripteurs ont des chefs, et c'est à eux que je m'adresse.

Antoine, Octave, Lepide, vous êtes-vous promis de faire tomber les têtes de tous les véritables républicains qui s'opposeront aux succès de vos projets ambitieux?.....Avez-vous déja pris le titre imposteur de *triumvirs réformateurs de la république ?* (1)

Lâches et vils scélérats ! quels sont donc vos droits à d'aussi hauts forfaits ? quels sont vos talens ? quelles victoires avez-vous encore obtenu dans les camps , et même au *forum ?* Quels sont les ennemis de la patrie que vous avez terrassés ? Le Sénat a-t-il jamais été d'acord avec vous ? S'est-il jamais avili à ce point, de vous décerner des triomphes et des couronnes ?

Non , non, Rome n'a pas encore courbé son front superbe , sous des Décemvirs et des Dictateurs ; la république, à son aurore, a toute la vigueur, toute la force de sa jeunesse. Traîtres ! ne vous flattez pas de l'asservir ; Caton ne vous a pas cru encore assez redoutables, pour s'effacer lui-même du livre de la vie , et Brutus n'a pas été vaincu par les troupes d'Octave !.........

Proscripteurs ! délateurs ! calomniateurs !.... Les voilà les ennemis de la patrie, les dignes alliés des rois, que le devoir des représentans de la France est de vaincre les premiers, de traîner dans la poussière !

Proscripteurs ! délateurs ! calomniateurs !.... Les voilà les véritables conjurés , contre lesquels, pères de la patrie, vous devez déployer toute la force, tout le pouvoir dont vous avez été investis par le souverain !

---

(1) Tel est le titre qu'avoient pris Antoine , Octave et Lepide.

Proscripteurs ! délateurs ! calomniateurs !...
Vous futes protégés, dans Rome esclave, par
les Tibere (1), les Caligula, les Claude, les
Néron ; vous serez frappés, abbatus par les
représentans de la France libre.

Citoyens législateurs, je dois vous rappel-
ler ici, que dans Athènes, riche *d'or*, *d'argent
et de statues*, une loi condamnoit à une amende
de mille drachmes, l'accusateur, qui n'avoit
pas pour lui la cinquième partie des suffrages
de ses juges, et que dans Rome, riche *de fer,
de bras et d'hommes*, la lettre K étoit imprimée
sur le front du calomniateur.

Je conclus à ce que la pétition qui vous a
été présentée soit improuvée comme calomnieuse ; et à ce que toutes les sections de la
République soient appellées à prononcer sur
leurs mandataires.

Je demande que le comité de législation
présente dans le plus court délai, un projet de
loi contre les calomniateurs.

---

(1) *Tibere*, au milieu du Sénat, *s'expliqua ouvertement en faveur des délateurs ; il les appella ; les*
Gardiens des Loix. *Ainsi les délateurs, espèce exé-
crable, formée pour la ruine publique, que les peines
même n'ont jamais pu extirper, attirés par les ré-
compenses, pulullérent de toutes parts.......*Annales de
Tacite, livre IV.